AF349758

DISTINCTION
ABREGEE DES CINQ
PROPOSITIONS
QVI REGARDENT
LA MATIERE DE LA GRACE,

Laquelle a esté presentée en latin à sa Sainteté par les Theologiens qui sont à Rome pour la deffense de la doctrine de saint Augustin.

Où l'on voit clairemét en trois colomnes les divers sens que ces proposi-tions peuvent recevoir:

Et les Sentimens ,

Des Calvinistes & des Lutheriens;
Des Pelagiens & des Molinistes;
De saint Augustin & de ses Disciples.

M. DC. LIII.

A NOSTRE
TRES-SAINT PERE
INNOCENT X.

TRES-SAINT PERE,

LES EVESQVES de France, aux souhaits & à l'attente desquels
VOSTRE SAINTETE' témoigne vouloir satisfaire, la supplient de
donner un jugement sur les cinq propositions qui sont en controverse,
lequel suffise pour éclaircir & confirmer la verité ; pour faire cesser les
differents ; & pour restablir la paix dans l'Eglise. Ces Prelats demandent donc à Vostre Sainteté qu'il luy plaise donner une decision expres-
se, seulement sur les choses qui sont en contestation entre nos adversaires & nous, & non pas sur les choses à l'égard desquelles il n'y a nulle
dispute ; nulle question ; nulle difficulté. Ce desir de tous ces Prelats
est manifestement expliqué par les diverses lettres qu'ils ont écrites à

A ij

Voftre Sainteté. C'eft-pourquoy il eft principalement du devoir de noftre commiffion d'expofer clairement deuant fes yeux, les chofes dont nous difputons de part & d'autre, afin qu'elle ait une entie-re connoiffance de ce qui eft en controverfe entre nos adverfaires & nous. Il eft certain que la conteftation qui fe voit maintenant dans l'Eglife fur le fujet de ces propofitions n'eft pas à l'égard d'un fens eftran-ger & mauvais, que l'on leur pourroit donner & que nous rejettons, mais à l'égard d'un fens legitime que nous deffendons, & à l'égard de la foy catholique qui s'y trouve contenuë. Et c'eft de ces propofitions prifes ainfi dans le fens legitime & catholique, que nous attendons un juge-ment clair & decifif.

Afin donc que dans toute cette importante affaire il n'y ait aucun lieu à l'equivoque; ny à la calomnie; ny aux artifices des mauvais efprits; ny à quelques doutes, nous expofons avant toutes chofes à Voftre Sain-teté, le plus briévement & le plus clairement qu'il fe peut faire, les vrays & legitimes fens de ces propofitions, que nous foûtenons & qu'il faut que nos adverfaires impugnent s'ils veulent agir contre nous. Et nous reprefentons d'une part les erreurs contraires aux fens orthodoxes de ces propofitions, que nos adverfaires ofent deffendre : & de l'autre part les herefies qui font pareillement contraires à ces interpretations catho-liques, lefquelles ces adverfaires fe vantent de combattre en combat-tant, fans diftinction, ces propofitions. Et par ce moyen nous faifons voir à Voftre Sainteté que nous ne panchons ny à droit ny à gauche, mais que nous fommes attachez uniquement à la doctrine de l'Eglife, & qu'ainfi nous deteftons également d'un cofté les herefies & les erreurs des Calviniftes & de leurs fectateurs, & de l'autre les herefies & les er-reurs des Pelagiens & de ceux qui leur ont fuccedé.

Nous declarons ouvertement & fincerement à voftre Sainteté quelle eft noftre penfée touchant l'opinion de ces deux fectes à l'égard de ces cinq propofitions, & nous luy reprefentons naïfvement noftre creance qui tient le milieu entre ces opinions erronées. Refervant de donner, en leur temps & en leur ordre, les preuves des chofes que nous avançons, qui feront, comme nous croyons, invincibles, nous ne pretendons maintenant rien davantage que de faire voir d'une premiere veuë & comme en abregé quelles font les chofes fur lefquelles tous les Evef-ques de France attendent & demandent le jugement du Saint Siege, & de montrer combien nos fentimens font Catholiques.

PREMIERE PROPOSITION

Laquelle a esté malicieusement tirée hors de son lieu & exposée à la censure.

Quelques commandemens de Dieu sont impossibles aux hommes justes, lors mesmes qu'ils veulent & qu'ils s'efforcent selon les forces qu'ils ont dans l'estat où ils se trouvent. Et la grace qui les doit rendre possibles leur manque.

Le sens heretique

Que l'on pourroit donner malicieusement à cette proposition, qu'elle n'a pas neantmoins, quand on la prend comme elle doit estre prise.

Les commandemens de Dieu sont impossibles à tous les justes, quelque volonté qu'ils ayent & quelques efforts qu'ils fassent, mesme ayant en eux toutes les forces que donne la grace la plus grande & la plus efficace. Et ils manquent tousjours durant leur vie d'une grace par laquelle ils puissent accôplir, sans pecher, seulement un commandement de Dieu.

Cette proposition est heretique, Calviniste, & Lutheriéne: & elle a esté condamnée par le Concile de Trente.

PREMIERE PROPOSITION,
Dans le sens que nous l'entendons, & que nous la deffendons.

Quelques commandemens de Dieu sont impossibles à quelques justes qui veulent & qui s'efforcent foiblement & imparfaitement selon l'estenduë des forces qu'ils ont en eux, lesquelles sont petites & foibles. C'est à dire, qu'estant destituez du secours efficace qui est necessaire pour vouloir pleinement & pour faire, ces commandemens leur sont impossibles, selon cette possibilité prochaine & complette, dont la privation les met en estat de ne pouvoir effectivement accomplir ces commandemens. Et ils manquent de la grace efficace, par laquelle il est besoin que ces commandemens leur deuiennent prochainement & entierement possibles : ou bien ; ils sont depourueus de ce secours special sãs lequel l'homme justifié, comme dit le Concile de Trente, ne sçauroit perseverer dans la justice qu'il a receuë, c'est à dire dans l'obseruation des commandemens de Dieu.

Nous soûtenons & nous sommes prests de demontrer que cette proposition appartient à la foy de l'Eglise, qu'elle est indubitable dans la doctrine de S. Augustin, & qu'elle a esté definie par le Concile de Trente.

PROPOSITION
contraire à la premiere dans le sens que nos adversaires la soûtiennent.

Tous les commandemens de Dieu sont tousjours possibles aux justes par la grace qui est soûmise à leur franc arbitre, lors qu'ils veulent & qu'ils travaillent selon les forces qui sont presentes en eux. Et jamais la grace qui est prochainement necessaire pour rendre les commandemens effectivement possibles, ne leur manque pour agir, ou du moins pour prier.

Nous soûtenons & nous sommes prests de demontrer que cette proposition, qui est de Molina & de nos adversaires, est pelagienne ou demipelagienne, parce qu'elle destruit la necessité de la grace efficace par elle-mesme pour toutes les bónes œuvres. Et il a esté ainsi declaré dans la Congregation de Auxilijs, qui s'est tenuë à Rome sous Clement VIII. & Paul V.

A iij

SECONDE PROPOSITION

Fabriquée & exposée à la censure.

Dans l'estat de la nature corrompuë on ne resiste jamais à la grace interieure.

Le sens heretique
Que l'on pourroit donner malicieusement à cette seconde proposition, qu'elle n'a pas neä moins, lors qu'on la prend còme il faut.

Dans l'estat de la nature corrompuë on ne resiste jamais à la grace interieure & efficace, parce que la volonté de l'homme est purement passive à l'égard de cette grace efficace : & estant comme une chose inanimée elle ne fait rien du tout; elle ne coopere point & ne consent point librement.

Cette proposition est heretique, Calviniste, Lutherienne, & condamnée par le Concile de Trente.

Autre sens erronée,
Que la proposition peut recevoir.

Dans l'estat de la nature corrompuë on ne resiste jamais à la grace interieure prise pour une simple lumiere que Dieu donne à l'entendement, & pour une sollicitation qu'il fait à la volonté.

Cette proposition est fausse & erronée, parce que cette grace n'est point la veritable grace de Iesus-Christ, comme enseigne S. Augustin dans le livre de la grace de Iesus-Christ.

Autre sens erronée,
Qu'on peut encore donner à cette proposition.

Dans l'estat de la nature corrompuë on ne resiste jamais à la grace interieure de Iesus-Christ quant à l'effet auquel elle dispose, lors qu'elle est encore foible & qu'elle donne seulement une volonté commencée.

Cette proposition est fausse & erronée.

SECONDE
PROPOSITION,

Dans le sens que nous l'entendons, & que nous la deffendons.

On ne resiste jamais à la grace de Iesus-Christ qui est precisement necessaire pour chaque œuvre de pieté. c'est à dire : elle n'est jamais frustrée de l'effect pour lequel Dieu la donne effectivement.

Nous soûtenons & nous sommes prests de demontrer que cette proposition appartient à la foy de l'Eglise, & est indubitable dans la doctrine de saint Augustin.

PROPOSITION
contraire à la seconde, en la maniere que nos adversaires la defendent.

Dans l'estat de la nature corrompuë on resiste quelquefois à la grace de Iesus-Christ qui est necessaire à chaque action de pieté soit pour agir soit du moins pour prier. c'est à dire : cette grace est quelquefois privée de l'effect pour lequel elle est precisement donnée de Dieu.

Nous soûtenons & nous sommes prests de demontrer que cette proposition, qui est de Molina & de nos adversaires, est Pelagienne, ou demipelagienne, parce qu'elle destruit la force & la vertu efficace de la grace de Jesus-Christ qui est necessaire à chaque bonne action. Il a esté ainsi declaré dans la Congregation de auxiliis qui s'est tenuë à Rome.

TROISIESME PROPOSITION

Fabriquée & exposée à la censure.

Pour meriter & demeriter dans l'estat de la nature corrompuë il n'est pas requis en l'homme une liberté qui l'exempte de la necessité de vouloir ou d'agir, mais il suffit d'une liberté qui le dégage de la contrainte.

Le sens heretique

Qu'on pourroit donner malicieusement à cette troisiéme proposition, qu'elle n'a pas neantmoins, estant prise comme il faut.

Pour meriter & demeriter dans l'estat de la nature corrompuë, il n'est pas requis en l'homme une liberté qui l'exempte de la necessité naturelle, telle mesme qu'elle se trouve dans les mouvemens indeliberez, mais il suffit d'estre seulement delivré de la contrainte.

Cette proposition est heretique, Calviniste, & Lutherienne.

TROISIESME PROPOSITION
Dans le sens que nous l'entendons & que nous la deffendons.

Pour meriter & demeriter dans l'estat de la nature corrompuë, il n'est point requis en l'homme une liberté qui l'exempte d'une infaillibilité & d'une certitude necessaire: mais il suffit qu'il ait une liberté qui le delivre de la côtrainte & qui soit accompagnée du jugemét & de l'exercice de la raison, si l'on considere precisement l'essence de la liberté, & du merite. Quoy qu'à raison de l'estat où nous sommes en cette vie nostre ame se trouve tousjours dans cette indifference par laquelle la volonté, lors mesme qu'elle est côduite & gouvernée par la grace prochainemétnecessaire & efficace par elle mesme, peut ne vouloir pas, cela est toutefois en telle sorte qu'il n'arrive jamais qu'elle ne vueille pas, lors qu'elle est actuellement secouruë de cette grace.

Nous soûtenons & nous sommes prests de demontrer que cette proposition est catholique, & est de S. Aug.

LA PROPOSITION
contraire à la troisiéme dans le sens que nos adversaires la deffendent.

Pour meriter & demeriter dans l'estat de la nature corrompuë il est requis en l'homme une liberté qui l'esloigne de l'infaillibilité & de la certitude necessaire: c'est à dire, il est besoin qu'il soit dans cette indifference prochaine à agir, ou à n'agir pas, par laquelle la volonté estant assistée de toutes les choses necessaires à agir se porte tantost d'un costé & tantost de l'autre, selon qu'il luy plaist.

Nous soustenons & nous sommes prests de demontrer que cette proposition, qui est de Molina & de nos adversaires, est Pelagienne, parce qu'elle détruit la puiśãce de cette grace efficace par elle-mesme, qui est necessaire à toute œuvre de pieté. Il a esté declaré ainsi dans la Congregation de auxilijs tenuë à Rome.

QVATRIESME PROPOSITION

Fabriquée & exposée à la censure.

Les Demipelagiens admettoient la necessité de la grace interieure prevenante pour toutes les bonnes œuvres, mesme pour le commencement de la foy, & ils estoient heretiques en ce qu'ils vouloient que cette grace fust telle que la volonté humaine pûst luy resister ou luy obeïr.

Le sens heretique

Que l'on pourroit donner malicieusement à la quatriéme proposition, qu'elle n'a pas neantmoins, si on la prend comme elle doit estre prise.

La grace prevenante de Iesus-Christ est telle, que le franc arbitre de l'hôme estant meu & excité par elle, ne luy sçauroit resister, encore qu'il le voulust. Dire autrement c'est parler en Semipelagien.

Cette proposition est heretique, Calviniste, ou Lutherienne, & elle a esté condamnée par le Concile de Trente.

QVATRISIEME PROPOSITION *Dans le sens que nous l'entendons & que nous la deffendons.*

Les Demipelagiens admettoient la necessité de la grace prevenâte & interieure pour cômencer toutes les actions, mesme pour le commencement de la foy, & leurs sentimens estoient heretiques en ce qu'ils vouloient que cette grace fust telle que la volonté luy obeïst ou la rejettast comme il luy plaisoit, c'est à dire que cette grace ne fust pas efficace.

Nous soûtenons & nous sommes prests de demontrer que cette proposition quant à sa premiere partie qui regarde la question du faiĉt, est veritable: & que quant à la seconde, elle appartient à la foy de l'Eglise, & est indubitable dans la doĉtrine de saint Augustin.

PROPOSITION *Contraire à la quatriéme dans le sens qu'elle est deffenduë par nos adversaires.*

Les Demipelagiens n'admettoient pas la necessité de la grace interieure prevenante pour cômencer chaque aĉió, ny mesme pour le commencement de la foy: & il n'estoient pas dâs l'erreur en ce qu'ils vouloient que cette grace fust telle qu'elle ne fust pas efficace par elle-mesme.

Nous soûtenons & nous sommes prests de demontrer que cette proposition, qui est de Molina & des adversaires, est Pelagienne ou demipelagienne, parce qu'elle destruit la foy de la grace efficace necessaire à toute bonne œuvre, & pareillement toute l'autorité de saint Augustin. Et il a esté declaré ainsi dans les Congregations de auxilijs tenuës à Rome.

CINQVIESME

CINQVIESME PROPOSITION,

C'est parler en Demipelagien de dire que Iesus-Christ est mort, ou qu'il a respandu son sang pour tous les hommes, sans en excepter vn seul.

Le sens heretique

Que l'on peut malicieu-sement donner à cette cinquiéme proposition, qu'elle n'a pas neant-moins, si l'on la prend comme il faut.

Iesus-Christ est mort seulement pour les pre-destinez, en sorte qu'il n'y a qu'eux seuls qui reçoivent la veritable foy & la justice par le merite de la mort de Ie-sus-Christ.

Cette proposition est heretique, Calviniste ou Lutherienne, & elle a esté condamnée par le Concile de Trente.

CINQVIESME PROPOSITION

Dans le sens que nous l'enten-dons & que nous la deffendons.

C'est parler en Demipela-gien de dire que Iesus-Christ est mort pour tous les hom-mes en particulier, sans en ex-cepter un seul, en sorte que la grace necessaire au salut soit presentée à tous, sans ex-ception de personne, par sa mort, & qu'il dépende du mouvement & de la puissan-ce de la volonté d'acquerir ce salut par cette grace gene-rale sans le secours d'une au-tre grace efficace par elle-mesme.

Nous soûtenons & nous som-mes prests de demontrer que cette proposition appartient à la foy de l'Eglise, & qu'elle est indubita-ble dans la doctrine de saint Au-gustin.

PROPOSITION

contraire à la cinquié-me dans le sens qu'elle est deffenduë par nos adversaires.

Ce n'est pas une erreur des Demipelagiens, mais une proposition catholi-que de dire que Iesus-Christ a communiqué par sa mort à tous les hommes en particulier, sans en excepter un seul, la grace prochainement & precisement necessai-re pour operer, ou du moins pour commencer le salut & pour prier.

Nous soûtenons & nous sommes prests de demontrer que cette pro-position, qui est de Moli-na & de nos adversaires, contient une doctrine con-traire au Côcile de Trente, & mesme qu'elle est Pela-gienne ou Demipelagien-ne, parce qu'elle destruit la necessité de la grace de Iesus-Christ efficace par elle-mesme pour chaque bonne œuvre. Et il a esté declaré ainsi dans les Con-gregations de auxiliis te-nuës à Rome.

Voilà, Tres-Saint Pere, les propositions pour la pleine ex-

B.

plication , la preuve , & la confirmation defquelles nous avons deman-
dé à Voftre Sainteté d'eftre entendus & de vive voix & par efcrit. Voilà
les points de doctrine pour la difcuffion defquels nous fommes prefts de
travailler & de parler avec autant de brieveté que l'importance & l'e-
ftenduë de la matiere en font capables , & avec autant de diligence que
le pourront permettre les foins & les occupations de Voftre Sainteté.
Cependant elle voit desja par les chofes que nous venons de luy expofer , qu'il n'y a point & qu'il n'y a jamais eu entre nous & nos adverfaires
de conteftation touchant les herefies de Calvin & de Luther. S'ils les
anathematifent nous les anathematifons pareillement, & nous les avons
tousjours anathematifées : Et n'eftant pas queftion maintenant de ces
herefies, ils ne peuvent entreprendre de les impugner, en agiffant contre nous , fi ce n'eft pour nous charger de calomnie ; pour expofer le fens
catholique que nous foûtenons au peril d'une condamnation, fous le
pretexte & les apparences de ces erreurs ; pour fubftituer en la place de
la foy catholique leurs fentimens Pelagiens ou Demipelagiens, qui font
contraires aux noftres ; & enfin pour donner cours à des erreurs dete-
ftables qui fe trouvent au nombre de foixante & plus, lefquelles nous
montrerons devoir fuivre par une confequence neceffaire, la doctrine
qu'ils veulent établir.

Tres-Saint Pere, Nous reïterons encore inftamment à Voftre Sainteté avec tous les Evefques de France la fupplication tres-hum-
ble que nous luy avons desja faite, de donner une fentence claire & de-
cifiue fur la matiere qui eft propofée & qui eft en controverfe. Et nous
proteftons devant elle que nous & tous les Difciples & les Deffenfeurs
de faint Auguftin (lefquels , comme efcrivoit autrefois faint Profper à
*Ruffin , Dans les divers païs où l'on excite des plaintes & des accufations
contre ce faint Pere , reçoivent , par l'affiftance de Dieu la doctrine
Evangelique & Apoftolique , en fe rempliffant de fes inftructions fi fain-
tes & fi falutaires , & croiffent & fe répandent tous les jours, felon qu'il
plaift à noftre Seigneur Iefus-Chrift de les multiplier , & d'augmenter
les membres de fon corps)* nous proteftons tous qu'en demeurant fer-
mes pour la doctrine indubitable de ce grand Docteur, qui eft celle de
l'Eglife, nous deffendrons tousjours les propofitions, dont il s'agit, au
fens que nous venons de les expofer, fi dans le jugement folemnel &
definitif (que nous demandons à Voftre Sainteté) il n'y a rien de pro-
noncé fur ces propofitions entenduës expreffement comme nous les
avons expliquées, parquoy il nous foit ouvertement declaré qu'elles
font condamnées dans le fens que nous maintenons eftre Catholique.

Nous avons la confiance, avec l'ayde de Dieu, que cela n'arrivera jamais, & nous avons sujet de nous le promettre, puis que desja le bruit est respandu parmy tout le monde que Vostre Sainteté s'est proposé d'agir de telle sorte sur ces propositions qui sont en question, qu'elle a étably avant toutes choses, comme indubitable, que l'autorité de saint Augustin doit avoir le rang qu'elle a tousjours eu, & doit estre conservée en son entier* : & que d'ailleurs la principale partie de sa doctrine, & le sommaire & la substance de ce que ce Pere a enseigné consiste en la proposition de la Grace efficace par elle-mesme, avec laquelle les susdites propositions sont conjointes & unies par un lien inviolable & indissoluble, comme il est aysé de voir dés le commencement de l'Ecrit * qui suit, dans lequel la necessité de cette Grace efficace par elle-mesme, pour toute bonne œuvre est prouvée par des demonstrations fort solides & fort claires.

Nous soûmettons toutes ces choses à la correction & au jugement de Vostre Sainteté. Ecrit à Rome ce Lundy 19. de May 1653.

*L'écrit dont il est parlé, a esté presenté à sa Sainteté & on espere de l'avoir.

Ainsi signez, NOEL DE LALANE Docteur de la Faculté de Paris, Abbé de Val-Croissant.

TOVSSAINT DES MARES Prestre de la Congregation de l'Oratoire de nostre Seigneur Iesus Christ.

LOVIS DE SAINT AMOVR Docteur de la Faculté de Paris & de la Maison de Sorbonne.

NICOLAS MANESSIER Docteur en la sacrée Faculté de Paris & de la Maison de Sorbonne.

LOVIS ANGRAN Licentié de la mesme sacrée Faculté de Paris & Chanoine de l'Eglise Cathedrale de Troye.

9 782329 570037